ジュニアサッカー

監督が使いたい選手がやっている！

デキるプレー55

監修 JACPA東京FC　鈴木宏輝（株式会社ジャクパ）

JN020797

日本文芸社

はじめに

だれからも信頼される選手を目指そう！

サッカーは世界で多くの人がプレーしている大人気のスポーツです。日本でもたくさんの子どもたちが地域クラブや少年団でプレーしています。そんな選手たちはそれぞれ目標を持ちながらプレーしていて、将来プロになることを目指している選手がいると思います。たくさんの保護者や子どもたちから「どうしたらもっとうまくなりますか？」「どうしたらセレクションに受かりますか？」などと聞かれることがあります。サッカーは評価がともなうスポーツです。レギュラーをつかむために一生懸命練習をしてチーム内の競争があったり、トレセンのセレクションで選ばれたりと、他人の評価がともなうスポーツなのです。「評価」されるというのは「サッカーがうまい」ということだけではありません。サッカーに対する姿勢や理解度などもそうですし、あいさつや返事、荷物の整理整頓などがきちんとできる選手はだれからも信頼されます。

サッカーをプレーするうえでは、この信頼がとても大切になるのです。チームメイトや監督、コーチ、まわりの人からも信頼され、応援される選手になる。これこそが目指すべきサッカー選手です。

本書は、サッカーの考え方に加えて練習法やポイントを紹介しています。内容的に「こんな高度なことはできないよ」と難しく感じる部分もあるかもしれません。しかし、大相撲の元横綱千代の富士の言葉にもありますが、トレーニングには「今」うまくなる練習と、3年後うまくなる練習の両方が必要だと思っています。ジュニア期にはよくわからなかったことが、ジュニアユースの時に点と線がつながって一気に伸びることもあります。私は、JACPA東京FCのコーチをしていますので、ジュニアの時期でしか指導できません。だからこそ、選手の将来を考えてトレーニングをしています。

大切なのは、サッカーをさらに楽しく好きになることです。本書を活用していただき練習や試合のなかで意識し、実践してほしいと思います。子どもだけでなく、お父さん、お母さんもぜひ一緒に読んでいただき、子どもたちと同じ目線でサッカーを知り、成長を見守ってもらいたいと思います。そして、子どもたちはサッカーを通して人間性を高め、信頼できる選手になって、まわりの人に応援される選手になってほしい。そんな思いでこの本を読んでいただけると嬉しいです。

JACPA東京FC　鈴木宏輝

CONTENTS

ジュニアサッカー
監督が使いたい選手がやっている！
デキるプレー55

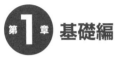

第2章 プレー編

第4章 守備編

第1章

基礎編

デキる選手になるためにはサッカー選手として
とるべき正しい行動や考え方がある！

元気よくはっきりとあいさつをしよう

▶▶▶ グラウンドに来たらまずはあいさつ

あいさつはコミュニケーションのはじまりです。コミュニケーションがとれる人はサッカーにおいても仲間と協力ができます。

あいさつは元気よくはっきりと行うようにしましょう。グラウンドに来たらまずは監督やコーチ、仲間に自分からあいさつをします。元気がないと、調子が悪いのかな、何か問題があるのかなと思われ、周囲に心配を抱かせて

どうして?

コミュニケーションがとれると仲間と協力ができるから

おはようございます!
はい、おはよう!

しまいます。元気よくあいさつができればその場の雰囲気も明るくなり、その日の練習も楽しく頑張れる気持ちになります。もちろんあいさつをされたら、元気よく返事をしましょう。

コーチからひとこと

あいさつはコミュニケーションのはじまり。サッカーでもとても大事なことです。

仲間やコーチだれにでも よい受け答えをしよう

▶▶▶「うなずく」だけの返事で終わらないように

グラウンドに来てコーチから声をかけられました。そのときに返事をせずにボーッとしていてはいけません。声をかけられたら、声でしっかり反応しましょう。

よく返事を声に出さず「うなずく」ことだけで済ませようとする人がいます。しかし、これでは相手に反応（返事）は伝わりませんので注意してください。

どうして？

返事がしっかりできる人は信頼が増していく

コーチや仲間、お父さん、お母さん、学校の先生など、だれにでもしっかりとした受け答えができるような選手になりましょう。返事ができる選手は信頼できる選手につながります。

コーチからひとこと

家や学校でもあいさつと返事ができるように保護者の方も率先して行いましょう。

物を大事にし整理整頓をしよう

▶▶▶ サッカーは指示待ちが通用しない

プレーが雑にならず丁寧な選手は、性格的にも丁寧な選手が多いです。細かいことにも気づきますし、いつも色々なことを気にしています。

例えば、サッカーバッグやシューズが散乱しているような整理整頓ができない選手はプレーも大雑把です。荷物をきちんと整理して、物を大事にし、グラウンドにゴミが落ちていたら拾うなど、ちょっとしたことに気づくよう

どうして？

細かいところまで丁寧な選手は サッカーのプレーも丁寧に

な人になりましょう。

　サッカーは指示待ちが通用しないスポーツです。見て見ぬふりをしないで自分から動き出して整理整頓や準備ができる選手を目指しましょう。

コーチからひとこと

サッカーだけでなく毎日の生活から、だれかに言われる前に気づいて行動ができることが大切です。

練習で1番輝いている選手になろう

▶▶▶ チームに欠かせない選手とは？

テクニックがあるから1番の選手とは限りません。よく声を出し、考えて行動し、チームの味方を助け、よく走って、切り替えも早い選手は、チームに欠かせない選手でもあります。

これらの行動ができる選手は、試合だけでなく練習でも輝いています。いつも全力で一生懸命、仲間のためにプレーしているのです。練習で1番輝いている選手になってください。毎回の

どうして？

チームを引っ張る中心選手はよく走ってよく声を出す

練習で１番を目指すことを目標の１つにしてください。

チームの中心選手は周りから見ても分かります。みんなを引っ張る気持ちや姿勢が前面に出ているからです。

コーチからひとこと

コーチや先輩に、だれが練習で1番輝いていたかを発表する機会を設けてもらいましょう。

自分の身体(からだ)を自在(じざい)に操(あやつ)れるようになろう

▶▶▶ 身体がしなやかならケガも防(ふせ)げる

サッカーには様々(さまざま)なプレー、動きがあります。シュートやパス、ドリブル、ディフェンスなどですが、どれも身体をしなやかに動かすことでプレーが上達(じょうたつ)します。サッカーなのでボールテクニックに意識(いしき)がいきがちですが、自分の身体を自在に操れるようになれば自然(しぜん)とボールテクニックもついてきます。身体を思(おも)い通(どお)りに動かせるようになればケガをしにくくなったり転(ころ)びにくく

どうして？

シュートやドリブルは しなやかさが大事になる

なったりするなどの効果にもつながります。おすすめなのが体操などの全身運動です。前回りや後ろ回り、側転などの動きはしなやかさを出すのに適しています。

コーチからひとこと

前回りしてからダッシュするなど、サッカーの動きを加えることでウォーミングアップにも使えます。

練習のテーマ

何(なん)の練習をしているのかを考えよう

▶▶▶ 選手同士(どうし)でミーティングして理解(りかい)を深(ふか)める

練習はコーチがメニューを考えますが、選手が何も考えず淡々(たんたん)とこなしているだけでは上達はしません。この練習にはどんな意味があるのかを選手自身(じしん)が考えることが大切です。コーチから伝えられたことから選手は学(まな)び、分からなければ選手同士でミーティングをして共通(きょうつう)理解を深めます。コーチがなんでも口を出すと選手は考えなくなりますので、そっと見守(みまも)ってもらうこ

どうして？

具体的な目標を立てて練習をすると上達スピードが早い

とも必要です。練習には目的や目標があり同じ目標を立てた選手でも毎日の練習をなんとなくこなしている選手と具体的な目標を立てて練習している選手では上達スピードが変わってきます。

コーチからひとこと

練習がうまくいかないときに、選手が自発的に集まって話をするようになると周りにもよい影響が生まれます。

自主練習

チームの課題から自主練の内容を考えよう

▶▶▶ チームとしてどんな戦いをするのかを理解する

もっとうまくなりたいと自主練習にはげむことはとてもよいことです。自分の課題を克服するために自主練習をしていくことも大事ですが、順番としてはチームの課題、グループの課題、個人の課題と大きなところから考えるようにしましょう。チームとしてどんな戦いをするのかを理解し、そのために何が必要でどんな練習をしていかなくてはいけないのか、常に試合と結び

どうして？

常に試合と結びつけて練習を考えることが大切

チームがあり、そのなかにグループがあり、個人がいるイメージをもとう

つけて行うことが大切になります。

サイド突破（とっぱ）からのチャンスメイクでゴールを奪（うば）うならドリブル技術（ぎじゅつ）を上げる必要があります。自主練習でドリブルを磨（みが）けばチームも強（つよ）くなります。

コーチからひとこと

こんな選手になりたいという目標を持ち、達成（たっせい）するために何を練習するかを具体的に考えましょう。

サッカーノートを活用しよう

▶▶▶ 限られている時間のなかで考えるクセをつける

自分やチームが取り組んでいることをしっかり理解することはとても大切です。それに加えて自分の今の課題をきちんと把握し、何をすべきかを頭のなかで整理できないと成長にはつながりません。そこでおすすめなのがサッカーノートをつけることです。

JACPA東京FCは一週間のうち土日だけの練習です。平日はチーム練習がないので実践したことを忘れてしまい

どうして?

自分の課題やチームの取り組みを整理できれば成長につながる

がちです。それを防ぐためにもノートに書き記し明確にします。限られている時間のなかで上達していくには、常に考えられるクセをつけ、ノートを活用することで可能になります。

コーチからひとこと

コーチがノートをチェックすることで選手の理解度が分かります。選手に合わせた指導ができるのです。

子どもが考える機会を作ろう

▶▶▶ 気づいた子どもに行動させる環境を作る

サッカーは自分で考えてプレーを選択することが大切です。自分で考えられる選手になるためには普段からそうさせる環境を作る必要があります。

保護者目線で話をしますと、例えばテーブルにお皿を家族の人数分用意するとします。４人家族なのに１皿足りないことに子どもは気づきました。そのとき親が忘れた１枚を用意するのか、それとも気づいた子どもが自分で

どうして？

子どもが自分で考えて決められるようになるため

あっ！お皿が
1枚足りない…

用意するのか。困った子どもに手助けをするのは簡単ですが、子どもが見て考えたことを行動できるようにするには手出しをせずに見守ることも必要です。

コーチからひとこと

保護者は子どもが自分で考えるせっかくのチャンスをなくさないように、日頃から意識してください。

食べられるものを増やしていこう

食事のバランス

1	炭水化物	スタミナや集中力をつける	➡ごはん、パン、麺類など
2	タンパク質	筋肉を作る	➡肉、魚、豆腐など
3	ミネラル	疲れをとる	➡野菜
4	ビタミン	身体の調子を整える	➡果物
5	カルシウム	骨を強くする	➡牛乳、チーズなど

▶▶▶ 少し太るくらいでもよいのでたくさん食べよう

小学生年代は身体を成長させなくてはいけません。運動、食事（栄養）、休息（睡眠）のサイクルはなくてはならないものです。なかでも食事はバランスよく３食食べることもそうですが、食べる量を増やしたほうがいいです。多少食べすぎて太ってもよいくらいのことを保護者には伝えます。合宿に行くとビュッフェスタイルの食事が多いのですが、JACPA東京FCではすべての

どうして?

身体を成長させるためにバランスのよい食事が大事だから

品(しな)をほんの少しずつでよいから取りましょうと指導しています。量も多くなりますが食べられるものを増やすことが大切だからです。食事をサッカーノートに記しておくのもおすすめです。

コーチからひとこと

朝(あさ)ごはんは必ず食べましょう。体調(たいちょう)面(めん)もそうですが、食べないと集中力がガクンと落ちてしまいます。

Column

保護者の協力なしでは子どもは成長しない

子どもの成長は保護者の方の協力なしではありえません。 ただ、 サポートすることをはき違えてしまうと、 ただの過保護になってしまいますので注意が必要です。

例えば、 練習にシューズを忘れてしまうミスをしたとします。 ミスをしないように、 いつも保護者が先回りしてバッグに入れておく、 送迎するときの車に入れておくなどをしたとします。 これをしてしまうと、 次からも子どもはミスを続けてしまい、 修正することができなくなります。 せっかく子どもが学べるチャンスを、 先回りしてしまうことで邪魔することになってしまうのです。

また、 コーチは忘れ物をしても怒らないようにしましょう。 忘れ物をして、 それに対する罰（試合に出さないなど）を子どもに与えてしまうと、 見ている親が手助けしてしまう方向に向いてしまいます。 コーチは、 忘れ物をした子どもに「シューズがないとサッカーできないね」と声をかけ、 子ども自身が荷物の確認をするように投げかけましょう。

JACPA東京FCでは、 保護者とミーティングをして、 子どもへのサポート内容を話しあいます。 じつは歴代の保護者たちが作ったルールがあり、 新しく入部してきた子どもの保護者に説明します。 そのルールの1つを紹介しますと「相手チームのPKが外れたからといって親は喜ばない」などです。 試合で応援はとても助かりますし子どものためにもなります。 自分の子どもだけを応援するのではなく、 チーム全体を応援してもらいたいです。 保護者もチームの一員です。 また保護者同士が交流を楽しむ姿を見れば、 子どもも「自分もチームの一員なんだ」と安心します。

第2章

プレー編

うまくなる選手が意識していることや
プレーの原理原則などを学ぼう

チームメイトを尊敬し助けあおう

▶▶▶ サッカーはチームスポーツ

サッカーはチームスポーツです。ですので、自分のことだけでなくチームのことを考えられる選手になれないとレギュラーの座をつかむことはできません。スタメンで出る選手がいればサブとしてベンチに座っている選手もいます。ベンチにいる選手も一緒に試合に参加している仲間です。チームを助けるために努力を惜しまない選手は、今後活躍する日が必ず訪れます。

どうして？

チームを助けてくれる選手は試合でも活躍できる

チームメイトを尊敬し助けあい、チーム一丸となって目標を達成すること。それができるチームや選手たちは上達スピードも早く、強いチームとなっていくのです。

コーチからひとこと

試合に出ることを目的とせず、試合で活躍するために日頃から努力する選手が伸びていきます。

いつでも試合に出られる準備をしておこう

中学生になってから伸びる選手もいる

チームにはレギュラーになる選手とサブになる選手が出てきます。常にレギュラー、常にサブというわけではありませんが、ベンチに座っていることでサブのメンタリティがついてしまうことに注意しなければなりません。出場したときに本来の実力を発揮できないといったことはよくあります。サブでもいつでも出場できるように、心の準備をする必要があります。

どうして？

ベンチだからとボーッとしていると出場(しゅつじょう)したときに何もできない

小学生年代だと身体能力(しんたいのうりょく)で劣(おと)るなどでサブになる選手もいます。ただ次の段階(かいだん)（中学生）になったときに伸びる選手もいますので「いまはガマンのときだよ」と話をすることも大事です。

コーチからひとこと

サブになってふてくされる選手はいます。コーチとその理由をきちんと話をすることが大切です。

苦手(にがて)なことを克服できる選手を目指そう

負(ま)けず嫌(きら)いな選手は上達も早い

プロにいくような選手は「サッカー小僧(こぞう)」だなと、だれが見ても思うくらいサッカーが大好きです。リフティングで自分ができない技(わざ)をめちゃくちゃ練習して、次(つぎ)の週(しゅう)にはできるようになっていたりします。「できるようになりたい！」と思ったことへの挑戦意欲(ちょうせんいよく)と言いますか、負けず嫌いな選手は上達も早いです。このように伸びる選手は、課題を楽しみながらクリアできるのも

どうして？

レギュラーになる選手は課題をクリアする努力ができる

苦手な左足で
蹴れるように
ならないと！

特徴の１つです。キツい、ツラいと思わずにチャレンジし続け、できたときの達成感を味わうことに喜びを感じられます。課題を克服するために努力できる選手がレギュラーになれるのです。

コーチからひとこと

失敗で終わらない。成功するまでやり続ける選手が伸びる選手でもありプロにもなれます。

大きな声ではっきりと具体的に声出ししよう

プラスの声掛けを意識しよう

試合中に選手同士で指示やコミュニケーションをとる場面があります。とてもよいことで「元気よくはっきりと具体的」に仲間に声をかけてあげましょう。ここでの声掛けはポジティブな言葉にすることが大切です。選手たちがプラスの声掛けを行えば、プレーのモチベーションも上がります。

問題なのは抽象的な言葉です。「ちゃんと動けよ！」とか「何やってんだ

どうして？

ポジティブな声掛けは選手のモチベーションアップにつながる

よ！」というような声掛けでは何も伝わりません。「相手に強くプレッシャーをかけて！」や「あわてずにつないでいこう！」など具体的な言葉にするようにしましょう。

コーチからひとこと

ポジティブな声掛けはその人のモチベーションを上げます。仲間を認めあいチームの和を大切にしましょう。

味方のやる気を上げる声掛けを意識しよう

▶▶▶ ミスを責めずチャレンジを褒める

チームメイトを鼓舞したり、ミスを責めずにチャレンジを褒めるような声掛けも大切です。試合で負けていても「諦めるな、勝とうぜ！」のような励ましは受け入れられる声でもあります。その場の感情に任せ、イライラを仲間にぶつけるような声掛けをしてしまうと選手はやる気をなくします。これはコーチや保護者も注意しなければならないことです。

どうして？

味方のミスを追及(ついきゅう)するのではなくチームのためになる声掛けにする

諦めるな！
勝てるから！
勝とうぜ！

また、ミスをしたときにそのミスを責めてしまうことで次からのプレーが消極的(しょうきょくてき)になりチャレンジをしなくなります。声掛け１つでガラリと変わってしまうのです。

コーチからひとこと

ピッチだけではなくベンチからも同じテーマの声掛けをして狙(ねら)いを示(しめ)してあげるのも大切です。

プレーのサイクル

認知、判断、選択、実行が 1番重要なテクニック

▶▶▶ 技術に加え判断力も磨こう

　プレーをしていてミスが起きると技術的な問題だと思われがちですが、ほとんどは状況判断やプレーの選択ミスです。プレーにはサイクルがあり周りを見てどんな状況かを分析し、プレーを選んで実行するという流れがあります。例えば、パスを受ける場面では、フリーになれる位置にポジションをとるために状況判断をしています。パスを受けたあとにドリブルするかパス

どうして？

ミスの80％は状況判断の間違いから起きている

をするのかは、状況判断したうえで選択します。この判断を間違えていることが多いのです。技術はもちろん大事ですが判断力を磨くこともとても重要です。

コーチからひとこと

何をすべきかを常に考えプレーを選択する能力が個人戦術。効果的なプレーをするには個人戦術眼が必須です。

よい姿勢でプレーできるようになろう

ボールウォッチャーになっている悪い姿勢

ボールを止める、蹴るはセットで考える

ボールを「止める、蹴る、運ぶ」技術はサッカーではとても重要なテクニックです。この基本技術はだれもがまず練習するものですが、そのなかでも止める、蹴るはセットで考えてください。うまくボールを蹴ることができないのは、蹴るフォームだけでなくボールを止める位置が悪いことも関係します。まずは自分の蹴りやすいところにボールを置いて、よい姿勢でボールを

どうして?

よい姿勢でプレーするとミスが減るから

背筋の伸びたよい姿勢

蹴れるように練習しましょう。よい姿勢で行うと顔が上がるので視野(しや)を広く(ひろく)できるメリットもあります。周りを見ることにもつながりますのでポイントとしておさえてください。

コーチからひとこと

顔を上げてプレーすることでプレーの選択肢がたくさんあるように相手に思わせることができます。

技術を無意識に使えるまで練習をしよう

▶▶▶ 技術を習慣化させるには2～3ヶ月の反復練習が必要

選手から「ボールを止めて蹴るはもうできるよ！」という言葉を耳にします。しかし、どんな場面でも完璧にこなせるレベルなのでしょうか。相手が目の前にいてプレッシャーを受けている状態でも同じようにできるのでしょうか。技術の習得にはそれなりに時間がかかりますし習慣化できるようにするには日頃の反復練習は欠かせません。

技術を習慣化させる。つまり意識し

どうして？

意識したプレーではなく 無意識のプレーこそが習得となる

パス&コントロールは
セットで考える

ている状態から無意識でできるようになるまで磨きましょう。ある学者の研究で新しい習慣が身につくまでの平均時間は66日だと言われています。目安として２～３ヶ月は続けてください。

コーチからひとこと

小学生の年代こそ技術習得に適しています。ボールテクニックを磨けばプレーに余裕が生まれます。

ミスを大事にする

パスがズレたときこそうまくなるチャンス！

▶▶▶ どんなボールが来ても集中を切らさず対応しよう

試合中、味方のパスがズレる場面は多くあります。パスミスだと思ってとりにいくのをやめてしまうことはなくしましょう。

試合でよいボールは実際はそれほど来ません。仲間のミスを自分がどう処理するのか。ちょっとズレたボールを正確にコントロールして次のプレーに自然と進めるには、高い技術を要します。ミスが生まれているときこそうま

どうして？

味方のパスミスをうまく処理できる技術が磨ける

くなるチャンスなのです。

どんなボールが来ても対応できるよう常に集中を切らさず、神経(しんけい)を研(と)ぎ澄(す)ませているくらいが理想です。

コーチからひとこと

サッカーは小さなミスがたくさんあります。大きなミスにならないよう成功プレーに早く戻(もど)せるようにしましょう。

プレーの選択肢

色々なプレーができると相手に思わせよう

▶▶▶ 相手に情報をたくさん与えて悩ませよう

ボールを持ったとき相手からプレッシャーを受けて思い通りにプレーできない選手は多いです。相手ディフェンスからすれば、その選手は判断も遅いしドリブルしか選択肢がない。プレッシャーをかければボールを奪えると思われているはずです。

相手にそう思わせないためには相手を考えさせる必要があります。つまり、何をするのかの情報（選択肢）をたく

どうして?

プレーの選択肢がたくさんあれば相手は迷ってしまう

さん与え、相手を悩ませフリーズさせればいいのです。ドリブルもあるしパスもシュートもある。どんな武器で攻めてくるのか予測できないとなればその局面は勝ったも同然です。

コーチからひとこと

相手にとって嫌なことは何なのかを考えましょう。色々なプレーができる選手はとても嫌な選手となります。

プレーの狙い

相手にとって嫌だと思うエリアを攻めよう

▶▶▶ ポケットは攻撃で狙うべきエリアの代表格

相手が嫌だと思うのは個人のプレーだけではなく攻める場所にもあります。攻撃時に相手が嫌がるエリアというのはペナルティエリア内の左右に位置するポケットです。ポケットにボールを運んだり選手がポジションをとることで、決定的なチャンスを作れるプレーの選択肢が多くなります。

ポケットでパスを受ければシュートが打てますし中へのラストパスも出せ

どうして？

ポケットを狙うことで効果的にゴールをとれるから

ます。相手からすればボールウォッチャーとなりやすく、自分のマークを見（み）失（うしな）うためディフェンス対応が難（むずか）しくなります。崩（くず）しで狙うエリアとして、ポケットは重要視されています。

コーチからひとこと

動きによってスペースを作って使うことが意図的（いとてき）にできる選手は、サッカーIQが高い選手と言えます。

ターンで前を向けるのは うまい選手の基準

ターンで
ディフェンダーを
かわして

▶▶▶ ターンで前が向ける選手は価値がある

攻撃の第一優先はゴールに向かうプレーです。相手陣内でボールを受けたら積極的にゴールに向かう姿勢を作れる選手はプロでも高く評価されます。

味方からのパスを相手陣内で受けると、相手ゴールに背を向けている状態が多いですが、パスを受けるときにターンをして前を向ける選手はとても価値があると言えるでしょう。相手が密集したせまいエリアのなかでもターン

どうして？

ゴールに向かう意識がある選手はターンを得意としている

できると、相手からすると嫌な選手です。ボールを受ける際に攻撃方向に身体の向きを変える動作がスムーズにできると、相手をかわして一気にゴールチャンスにつなげられます。

コーチからひとこと

ポジションをとるときに身体の向きを変化させるだけで、相手の守備対応を悩ませることができます。

遠い足でボールをあつかうことを意識しよう

ディフェンダーに近い足でトラップ

攻撃方向を向いてプレーできるように意識しよう

サッカーをはじめたタイミングで必ずおぼえてもらいたい技術が「遠い足」でボールをあつかうことです。

例えば、左サイドの選手がボールを受けるときに、右足で止める（右図）のではなく、身体を開いて左足でオープンに止める（左図）と、相手ディフェンスから遠い足でボールをあつかえます。身体の向きを見ていただければ分かりますが、攻撃方向を向いて視野

どうして？

視野が広がりプレーの選択肢が増えていくから

ディフェンダーから遠い足でトラップ

も広く確保できるので次のプレーの選択肢も広がります。相手から近い足になると身体が横向きなので相手のプレッシャーを受けやすくなってしまい、ボールを失いやすくなります。

コーチからひとこと

遠い足でボールを受ければディフェンスとの距離も作れますのでプレーに余裕が生まれます。

事前(じぜん)にプレーの選択肢を考えておこう

うまく
突破できて
いないな…

▶▶▶ アイデアや選択肢をコーチから聞こう

プレーのアイデア、選択肢はたくさんあってよいものです。自分たちで考えることも必要ですが、まずはコーチが持っているアイデアや選択肢を教えてもらうことも大事です。

2対2などのトレーニングで攻撃側(がわ)の崩しのパターンが乏(とぼ)しくうまく崩せないとしたら、崩しの選択肢をコーチに聞きましょう。効果的な選択肢を知ってからプレーするほうが、プレーの

どうして?

自由すぎるとアイデアが出にくい。まずは練習で選択肢を知っておく

もう少し
サポート距離を
広げてみよう!

幅(はば)も広がりますしプラスのアイデアも生まれてきます。自由すぎると考えは生まれづらくなります。ただ、このとき選択したものだけが正解(せいかく)ではないことも知(し)っておきましょう。

コーチからひとこと

プレーのアイデアはいくつもあります。そのなかで何が効果的かを考えましょう。

試合に近い状況で練習をしよう

成功と失敗を
経験することが大事

▶▶▶ 戦術的な引き出しを増やしていこう

プレーのアイデアや選択肢の数を増やしていくには、試合やトレーニングで失敗と成功を繰り返していきながら経験値を上げていく必要があります。これを戦術メモリーと言いますが、経験した戦術的な知識や実践したことがインプットされ、選手たちのアイデアとして増えていくことです。

試合だけだと経験する数が限られてしまいますので、トレーニングに2対

どうして?

実戦的な練習をして成功と失敗を重ねることで成長する

あのプレー
今度やってみよ!
CHI 0-0 MIL 1st 31:05

2などの実戦練習を積極的に加え、成功体験、失敗体験を積んで戦術的な引き出しを増やしていくことが大切になります。

コーチからひとこと

世界のサッカーの試合を観て、プレーをイメージすれば戦術メモリーを増やしていくことができます。

プレー習得のポイント

最初からプレースピードを意識しよう

▶▶▶ コーンの数を2つにしてスピードを意識する

技術を習得する際は、プレースピードを意識することが大切です。できないからとゆっくりから練習をはじめて徐々にスピードを上げていくというよりは、最初からプレースピードを意識してトライするようにしましょう。

最初はミスが多くなるとは思いますが、ミスをしてもよいので速度を落とさず、速いなかで正確性を上げていくほうが効率的です。ですのでコーンド

どうして？

技術の正確性とスピードは同時に求めることで上達する

リブルではコーンの数を２つにします。１人目をかわしてすぐに２人目をかわすという試合で起こる状況を想定しましょう。コーンが増えるとリアルなスピード感が失われてしまいます。

コーチからひとこと

幼児（ようじ）くらいの年代に対してはゆっくりからはじめ、ボールにタッチする感覚（かんかく）から養（やしな）いましょう。

ボールを自由自在にあつかえるようになろう

ボールを自在にあつかえれば意図したことが短時間で行える

サッカーは相手との駆け引きがあるなかでプレーするため、ボール操作がおぼつかないと相手のプレッシャーに負け、駆け引きに勝てません。ですので、ボールをあつかう技術を磨き、それ以外のことにも注意がはらえるようにボールコントロールの正確性を高めていくようにしましょう。

ボールを支配するというイメージですが、ボールを自在にあつかえれば自

どうして?

相手のプレッシャーを感じずにプレーができる

相手の
プレッシャーは
感じないぞ!

分の意図したことが短時間でできるようになります。そうなるとプレーを考える時間が増え、色々なアイデアを出せるので、今よりもっとサッカーが楽しくなるはずです。

コーチからひとこと

ボールコントロールに気をとられなければ視野を確保でき、次のプレーにスムーズに移(うつ)れます。

強みを生かしつつ弱点を克服しよう

ワンランク上を目指すための努力

攻撃的な選手や守備的な選手、足が速かったり突破が得意、技術があってゲームメイクが得意など、選手にはそれぞれ個性があり強みとなる「ストロングポイント」があります。その強みを生かして成長していくことはとても大事なことで、練習を積んでどんどん自信を持ってもらいたいです。

強みがある反面、弱点となる課題も必ずあります。例えば中盤のゲームメ

どうして？

弱点を乗り越えてワンランク上を目指す

イカータイプの選手がパスはうまいのに運動量がない選手だとしたら、とてももったいないです。ワンランク上のレベルを目指すのなら弱点を乗り越えるべく努力していく必要があります。

コーチからひとこと

サッカーノートに自分の課題を書き、自覚(じかく)して、弱点克服のために努力できる選手が伸びます。

複数のポジションができるようになろう

▶▶▶ 各ポジションで求められるものをコーチから教えてもらう

ポジションは、各ポジションでそれぞれ求められるものをコーチから伝えてもらうとよいです。チームコンセプトにもつながりますし、自分のプレースタイルからストロングポイントと足りないものが見えてきます。ポリバレントという言葉もありますが、できれば複数のポジションをおぼえてもらいたいです。試合のなかでポジションチェンジやシステムチェンジをしてもス

どうして?

ポリバレントな選手はチームで必要とされやすい

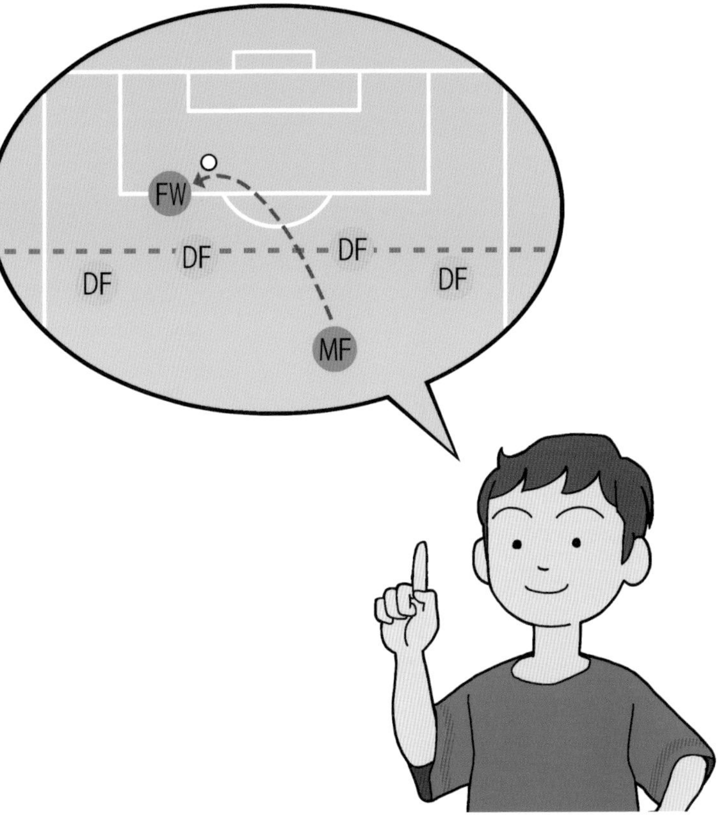

ムーズにいけば戦術的な幅が広がります。また、プレーに影響するオフサイドやフリーキックなどの最低限のルールは、定期的に仲間やコーチと話しあって確認しておきましょう。

コーチからひとこと

足の速いフォワードならサイドもできるなど、特徴に合わせて複数ポジションができるとよいでしょう。

Column

保護者がコーチを褒めれば子どもも耳を傾ける

私たちコーチと保護者の目的は、子どもによい変化を起こすことです。その効果を大きくしようとするなら、保護者とコーチが協力しなけれなりません。

もし、保護者がコーチの悪口を言っていて、それを子どもが聞いていたとしたらどうなるでしょうか。試合帰りの車内で、「コーチのやり方ってどうなんだろう!?」、「あのコーチダメだね」などと話しているとしたら、コーチの言葉は子どもには届かなくなります。言葉が届かなくなったら成長はどんどん遅くなります。子どもは保護者が好意的な目を向けている大人のいうことはよく聞くものです。保護者がコーチを褒めれば、そのコーチの言うことには耳を傾けるようになります。その結果、コーチと子どもの関係も必ずプラスの方向に向います。これは学校の先生に対しても同じです。かかわるコーチ、教育者たちは子どもによい変化を起こそうと必死になっています。その接する大人を批判していたら、結局子どもは成長しません。

保護者もチームの一員です。保護者が楽しそうにしていると、それが子どもにも伝わりチーム内に居場所もできます。「早く練習に行きたい、みんなとサッカーがしたい」という気持ちになります。JACPA東京FCでは保護者にサッカーの内容も話します。「いまこのようなチャレンジをしています」「試合では失点が多いけど、こういうテーマでやっている過程なので見守ってください」などを伝えています。コーチの考えが保護者にもしっかり伝われば、納得して安心して子どもをサポートできることでしょう。

第3章

攻撃編

攻撃に必要な技術やポジショニング
チーム戦術を習得しよう！

ドリブル以外のプレーもできるようになろう

▶▶▶ ドリブルとパス、2つの武器を持とう

小学生年代は足もとのテクニックを伸ばすことが重視されるために、ドリブル練習に多くの時間を費(つい)やすチームが多い傾向(けいこう)があります。しかし、試合になったときにディフェンス側からすればドリブルしかできない選手の守備はとても楽(らく)になります。ドリブルに加えてパスができると相手は対応に困ります。ドリブルとパス、２つの武器を持てるような選手を目指しましょう。

どうして?

ドリブルしかできないとディフェンスは楽になるから

もちろんドリブルをストロングポイントとして持つ選手は、ドリブル技術をどんどん磨いてください。その上でプレーの選択肢としてパスを持てればプレー幅はより広がります。

コーチからひとこと

幼児にはパスはまだ早いと言われますがそんなことはありません。早いうちから色々なプレーを練習しましょう。

ゲームをするなかで基礎技術を身につけよう

NG
キックだけの練習は実戦力がつかない

▶▶▶ 最初はできなくてもやり続けよう

「小学校低学年までは基礎練習が大事」と、ちゃんと蹴られるまでキックの練習しかしないのは間違いです。実戦のなかでパスやシュートを打つことでキックの上達を目指すことも大切です。サッカーは動きながらボールを止める、蹴る、運ぶので動かしながら練習するようにしましょう。できるだけ試合に近い状況を想定した練習を行い、それが結果キックなどの基礎練習になるのは

どうして？

動きのなかでパスやシュートが打てるようになるため

ゲーム形式の練習がおすすめ

問題ありません。低年齢で今はできないかもしれませんが、やり続けることが重要です。もちろん基礎練習も場合によっては必要になりますので自分の技術力に合わせて取り組みましょう。

コーチからひとこと

試合で使えるパスやシュートのアクションは、動きのなかで行わないと習得するのに時間がかかります。

どこにポジションをとればよいのかを考えよう……

▶▶▶ 周りから言われてから動くのはNG

試合の流れを読んで正しいポジションにつく。大人でもとても難しいプレーです。サッカーは状況に合わせて自分でポジションをとったり、ポジションをとり直したりします。

大事なのは、どこにポジションをとればベストなのかを自分で判断し考えることです。周りから言われてそのポジションにつくだけでは、自分の成長につながりません。ピッチの外からの

どうして？

試合の状況を見て自分のポジションを考えられるように

あそこに
スペースが
あるな…

指示でしか動けないと、プレーに迷いが生じます。自分で考えてポジショニングできるようになるためにも日頃の練習から意識して動くようにしましょう。

コーチからひとこと

指示待ちの選手は上達しません。自分の意思でプレーを判断し選択できるようになりましょう。

パスを出したら次のプレーのために動こう……

▶▶▶ 状況を判断してポジショニングする

味方にボールが渡ったときに、周りの選手はどのように動いて、どのようにプレーに絡めばよいのでしょうか。サッカーの難しいところでもあり、面白いところでもあります。パスを出したあと、どこにポジションをとれば味方の助けになるか、つまりサポートポジションにつくことを考えてください。

サポートはただ動けばよいわけではありません。パス＆ゴーではなく、あ

どうして？

パスを出して終わりではなく味方のサポートを考える

まり動かずポジションをとり直すこともあります。大事なのは状況を判断し、どこにサポートポジションをとれば優位になるかです。この動きが正解というのはないと思いましょう。

コーチからひとこと

ポジショニングは動くだけでなく止まることもあります。相手の逆をつくことでフリーになれるのです。

相手を抜くドリブルがどこの場面で有効かを考えよう

NG

自陣ゴール前での無謀なドリブル

▶▶▶ どのポジションでどんなドリブルを選ぶ？

ドリブルは突破のドリブルだけでなく、運ぶドリブルやキープのドリブルなど様々です。ドリブルで大事なのは、どのエリア、どのポジションでどんなドリブルをするのが効果的なのかを考えることです。例えば、自陣ゴール前で相手を抜くためのドリブルをするとします。もし相手にボールを奪われたら自分たちのゴールが近くにあるのでピンチを招きます。相手にボールを奪

どうして？

自陣ゴール前でのドリブルは奪われるとピンチになるから

相手ゴール前では突破をチャレンジ

われたら危険なエリアでのドリブルはリスクがあることを知っておきましょう。一方相手陣内であれば、ドリブル突破で相手を１人でも抜ければ優位な試合運びをすることができます。

コーチからひとこと

相手ゴール前ならドリブルで抜くチャレンジをしてみよう。

突破だけでなくキープのドリブルもおぼえよう

1対1で
ドリブル突破！

1対1で
ボールキープ！

▶▶▶ ボールを失わないドリブルを習得しよう

1対1でドリブルするときに多いのはキープのドリブルで47～55%と言われています。そして相手を外してパスをするドリブルが16～23%。突破のドリブルは6.5～15%です。相手を抜くチャンスは1試合でそれほど多くありません。ボールを失わないことを優先したドリブルが半分（はんぶん）なのです。まずは簡単に失わないドリブルを習得できるように練習しましょう。

どうして?

ボールを失わないことが大切だから

おすすめしたいのがスクリーンターンです。インサイドやアウトサイドタッチでターンをして前を向きます。1回や2回のタッチで相手を置き去りにできボールも失わなくなります。

コーチからひとこと

スクリーンターンはボールを守るだけでなく相手をかわせるターンです。身体の使い方がポイントです。

突破で有効なダブルタッチを身につけよう

▶▶▶ 身体の軸を横に大きく動かし幅を広くする

相手をかわすドリブルでおすすめしたいのがダブルタッチです。ダブルタッチを成功させるポイントは幅を使ってボールの移動を横に大きくすることです。相手ディフェンスが出す足にボールが引っかからないように、相手の足が届くエリアの外にボールを運ぶようにします。

そのためには、最初のタッチで身体の軸を大きく動かして横にズレていく

どうして？

習得が簡単で試合で使える突破のテクニックだから

ようなイメージを持ちます。上半身から動かしていけば横幅が作れます。ボールを「タン、タン」のリズムで「右、左」または「左、右」とタッチして運んでいきます。

コーチからひとこと

ディフェンスは足で円を描くように出すことができます。その円に入らないようにダブルタッチします。

味方とのアイコンタクトでコンビプレーをしよう

▶▶▶ 攻撃の崩しのパターンを増やしていこう

攻撃での崩し方はたくさんあります。ここまで紹介してきたドリブル突破もそうですが、味方とのコンビネーションが使えると崩しのパターンを増やすことができます。

コンビネーションプレーは、味方と同じプレーのイメージを共有できます。次にどんなプレーをするのかアイコンタクトで意思の疎通(そつう)もとれますし、それが成功していくとサッカーがもっと

どうして?

味方とプレーイメージが合うことでサッカーがもっと楽しくなる

楽しく感じるはずです。

世界の強豪(きょうごう)チームが見せるコンビネーションプレーは観るものに驚きを与えます。そのアイデアとプレーの精度はとても勉強(べんきょう)になります。

コーチからひとこと

世界トッププロたちのプレーを参考に自分たちのコンビネーションを作り上げていきましょう。

スペースを作り スペースを使おう

後ろのスペースをつかって！
スペース

▶▶▶ 連動したプレーが崩しのポイント

動きによってスペースを作り、そのスペースを使うことは攻撃をしていくうえで必要なプレーです。スペースを空けてそこに味方が走り込んでボールを受ければ、そこが相手ゴール付近ならチャンスが生まれるからです。

上の図のようにフォワードが斜めのランニングをして相手センターバックを引きつけることで、フォワードがいたエリアが空きます。そこに２列目の

どうして?

スペースを作って使えばチャンスが生まれるから

選手がタイミングよく入ればフリーな状態でパスを受けやすくなります。これらの動きもコンビネーションプレーの1つです。連動したプレーが相手を崩すポイントにもなります。

コーチからひとこと

ボールを持っていないところでも相手と駆け引きをしましょう。引きつけることで味方を助けられます。

低いシュートでゴールの隅を狙おう

NG
やべ!
フカしちゃった…

▶▶▶ ゴールの枠内におさまればチャンスは残る

JACPA東京FCにはシュートのこだわりがあります。それは低くゴールの隅を狙ってシュートを打つことです。なぜなら小学生はボールをドカンと蹴ってゴールバーの上を越えてしまうようなシュートが多く見受けられるからです。ボールがゴールの枠から外れてしまうとノーチャンスとなりゴールは決まりません。シュートがゴールの枠におさまればゴールチャンスは残りま

どうして?

ボールをフカして枠を外すとノーチャンスだから

す。

とにかくゴールの隅を狙って低く、どんな状態、状況でも打てるように日頃の練習から意識していくことがおすすめです。

コーチからひとこと

シュートをコントロールできるようになったら、ループシュートなど自分のアイデアで打つようにしましょう。

全力ドリブルからのシュート練習をしよう

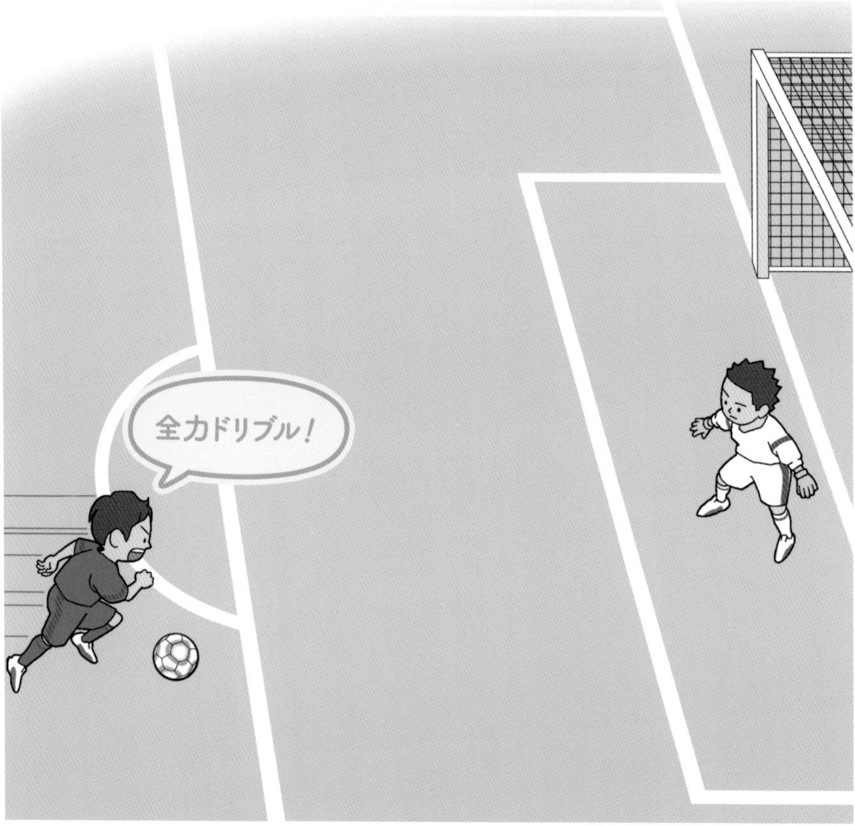

▶▶▶ 試合で起こりうるシーンから練習メニューを考えよう

シュート練習は試合で起こりうるシチュエーションで行いましょう。練習からゴールを決めることを意識していないと意味がありません。試合のイメージを持ちながら練習していきましょう。

おすすめなのがチームが作り出すシュートシーンをメニューにすることです。ドリブルでゴール前に抜けることが多いなら、全力ドリブルからのファーシュートを練習しましょう。トップ

どうして？

スピードのなかでもしっかり ファーに打てるようになるため

スピードでドリブルするとボールに対しての軸足の置きどころを調整しないとしっかり蹴ることができません。この状態でファーに低いボールで蹴っていきます。

コーチからひとこと

止まっているボールをただ蹴るだけではシュートではなくキック練習です。試合を意識しましょう。

クロスボールからのシュート練習をしよう

▶▶▶ ゴール数の多い場面から逆算してメニューを決める

チームの得点シーンがクロスからが多い場合は、クロスボールからのシュート練習を取り組みたいです。フォワードが横から来たボールを押さえてシュートをしたり、浮いたクロスでもヘディングやボレーなどでしっかり対応ができるようにします。

自分たちがどのようにペナルティエリアに進入してゴールまで結びつけているかを知り、その要素を練習してお

どうして？

得点する率の高いシチュエーションのシュートを練習しよう

くことでゴールは確実に増えていきます。ゴール数の多い場面から逆算してトレーニングしていくことで試合でもミスなくシュートを打てることでしょう。

コーチからひとこと

ゴールを決めるにはゴールキーパーとの駆け引きも重要です。意図を持ったシュートを打てるようにしましょう。

3つのエリアに入ってのシュートを身につけよう

▶▶▶ 意図的に得点を決められるようになろう

ゴールを決めるときに大事にしたいのが再現性(さいげんせい)です。「たまたまゴールが決まった」よりも、自分たちがやりたいことが意図的にできて得点を決められるほうが、試合でも練習の成果として形(かたち)に現れやすいです。例えばクロスからの得点シーンでは「味方がクロスを上げたのでゴール前に走り込んだらたまたまボールが来てシュートを決めた」よりも、得点しやすいエリアであるニ

どうして？

ゴールを決めるために自分たちの形を増やしていくため

アサイド、ファーサイド、ペナルティスポットに入ることをきちんと練習し、そのプレーがゴールにつながるほうがよいです。自分たちの形を作って場面を増やしていくことが大切です。

コーチからひとこと

形を練習しておけば自分たちしか知らない優位性が持てます。ゴール前に入る場所を決めて練習しておきましょう。

チャレンジ精神

ゴール前の1対1ではチャレンジしていこう

絶対に抜いてシュートを決める!

▶▶▶ 多少無理があってもチャレンジすることが必要

「個の打開」ということに関しては小学生年代では大事にしたほうがよいと思います。育成のタイミングでしたら1対1は積極的にチャレンジしてもらいたいです。もちろん試合のなかでの判断でパスを選択したほうがよい場面も当然ありますが、まずはチャレンジ精神を持って1対1に挑んでください。選手によっては、もう1つレベルを上げるために「相手を抜いてシュート」

どうして?

育成年代なので1対1の局面はどんどんチャレンジする

にこだわりを持ってもよいです。1番のフォワードを目指すためには多少無理があってもチャレンジすることが必要になってきます。そのチャレンジが成長につながります。

コーチからひとこと

将来性を考えるとストロングポイントを強引に押し出す時期も必要です。自分の資質と見極めが大切です。

相手を2回だます動きを身につけよう

1回のフェイクではマークを外せない
NG

▶▶▶ 1回のフェイクではディフェンスはかわせない

ディフェンスのマークを外(はず)すときに「チェックの動き」と言われる、行きたい方向とは逆に動くフェイクをかけてから進みたい方向に行くというのがあります。このチェックの動きですが、相手ディフェンスをだますには1回のフェイクだけでは確実(かくじつ)にかわせず、少し反応が遅(おく)れたくらいでついて来れられてしまいます。そこでおすすめなのが「2回だます」ことです。フェイク

どうして？

2回フェイクを入れることでマークを外しやすくなるから

2回のフェイクならマークを外せる

を２回かけるのですが、最初は30％くらいの意識で行き、次に60％の意識で行くと見せかけてから実際(じっさい)行きたい方向に動き出します。２回だますだけでマークはだいぶ外せます。

コーチからひとこと

2回だますには時間が必要になり動き出しを早くしなくてはなりません。そのタイミングをつかみましょう。

オーバーラップをおぼえよう

ドリブルで中に
切り込む！

▶▶▶ 相手ディフェンスを引きつければフリーになれる

攻撃の戦術をたくさんおぼえるとプレーの幅も広がります。選手の判断でこれらの動きや戦術がスムーズに出てくるとコーチも感心することでしょう。ここではオーバーラップを紹介します。

オーバーラップはサイドで数的優位を作ることのできるプレーです。ボールを持っている選手の外側を追い越して相手陣内に攻め込んでいきます。効果的なのはボールホルダーができるだ

どうして?

数的優位な状況が作れディフェンスを翻弄（ほんろう）できるから

オーバーラップ！
ディフェンスの
背後を通すように
スルーパス

け相手を引きつけてからスルーパスを出すことです。フリーでボールを受けることができれば相手陣内深くまで進入できます。

コーチからひとこと

追い越す動きで優位性を作れば突破がしやすくなります。動きがないと仕掛（しか）けにつながりません。

インナーラップをおぼえよう

タッチライン際でボールを受けた

ポケットでフリーになったらゴールチャンスになる

サイドにボールが渡ったタイミングで、サイドバックがオーバーラップのように外側ではなく内側のエリアをランニングするプレーをインナーラップと言います。

インナーラップは52ページで解説（かいせつ）した相手の嫌なエリアであるポケットをとりにいくときに有効なプレーです。ライン際の選手にボールが入ったときに後ろからのインナーラップでポケッ

どうして？

相手が嫌がるポケットをとるのに有効な動きだから

トに入りますが、ポケットでフリーになったら、クロスはもちろん直接シュートも打てます。ペナルティエリア内に入ることでゴールチャンスは一気に高まります。

コーチからひとこと

外側の前方にスペースがないためオーバーラップできないときにインナーラップで進入しましょう。

スイッチと斜めの動きをおぼえよう

スイッチプレー

入れ替わるように突破！
足裏でおとしてスイッチ！

▶▶▶ 斜めの動きで相手の嫌なエリアをとる

グループ戦術のなかでもゴール前で効果的なのがスイッチプレーです。味方がドリブルをしている後ろに走り込み、ボールを足の裏（うら）で落（お）としてもらい選手がスイッチ（変わる）することで相手を抜きます。ディフェンスの反対（はんたい）をとることのできるプレーです。

もう１つゴール前で有効なのが斜めの動きからの突破です。相手の背後を狙って斜めに動いていくとディフェン

どうして？

ディフェンスの背後をとれてフリーになれるから

斜めの動き

斜めの
ランニング！
ポケットに
スルーパス！

スは対応がしづらく相手が嫌がるエリアにボールを運ぶことにもつながります。オフサイドになりにくい、フォワードなら必ず身につけてもらいたい動き出しです。

コーチからひとこと

スイッチが成功すると前を向いてフリーになれます。味方との意思の疎通がポイントになります。

段差(だんさ)をつける プレーをおぼえよう

横並びのポジショニングはプレッシャーを受けてしまう

▶▶▶ 段差をつければプレーの幅も広がる

味方から横パスを受けるときにおぼえてもらいたいのが、段差をつけるポジショニングです。

ボールホルダーの真横(まよこ)にポジションをとるとディフェンスとの距離が近づいてプレッシャーを受けやすくなります。余裕のある状態でボールをもらえないと、相手に奪われカウンターを受ける危険性もあります。

段差をつけることで相手との距離が

どうして？

相手のプレッシャーを受けずにフリーな状態でパスをもらえる

相手ディフェンダーと距離をとるポジショニング

生まれるのでフリーな状態でプレーすることができます。余裕がある状態ならワンタッチで前の選手に縦（たて）パスを出すこともでき、仕掛けのスイッチをワンプレーで入れられます。

コーチからひとこと

パサーと横に並んで立つと後ろ向きになることがあります。段差をつければスペースも作れます。

Column

子どもの成長スピードを上げる褒め方

コーチが子どもへの接し方で気をつけなければいけないのは、子どもとしてではなく1人の選手として真剣に向き合うことです。コーチが真剣に向き合えば子どもも必ず反応してくれます。ですので、子どもへの評価もあいまいにせず、その子自身のレベルを見て評価をしましょう。他の子どもとの比較をせずに、その子なりの成長を見てください。成長したところを見つけたら必ず褒めましょう。

また、褒め方にはいくつかのポイントがあります。おすすめなのが子どものいないところで褒める方法です。つまり、面と向かって言葉をかけるのではなく、ワンクッション置くことで褒めることの効果を倍増させるのです。例えば、保護者にも協力してもらい、子どもにそっと聞こえるくらいの声で「コーチが褒めていたね」と親同士で話をしてもらいます。間接的に子どもに聞こえるようにするのです。そうすると子どもは喜びの気持ちが膨らみぐっとモチベーションが上がるのです。逆にコーチが、その子どもに「○○くんのお母さんの字、すごく丁寧できれいだね」という話をすると、子どもは喜んでその話を親に伝えます。子どもも字がきれいだと褒められることを知り、サッカーノートへの書き込みがきれいになったりもします。このように、間接的に褒めるという仕掛けはとてもおすすめです。

よくないのは、子どもを責めるような声掛けです。試合に負けたときに責めてしまうと成長スピードを遅くしてしまう原因です。試合に勝ったときだけ褒めるのもおすすめしません。子どもが立てた目標を達成したときには、必ず褒めるようにしましょう。

第4章

守備編

守備に必要なマークやボールの奪い方
インターセプトのコツを磨こう！

視野を広く持ちながらマークにつこう

1人だけでなく2人の選手を見よう

マークというと相手にぴったりつくイメージがあるかと思いますが、実際は違(ちが)います。正しいマークはボールと人を一緒に見る（同一視野）ことです。1人の選手を担当しマークにつくのは問題ありませんが、その選手だけしか見ないのではなく、周りの様子も見ながらポジションをとります。できれば、1人ではなく2人の選手を見ておけるくらいのポジションを意識をするほう

どうして？

ぴったりつくのではなく ボールと人を同時に見るため

マークとボールを見ている視野の広いディフェンダー

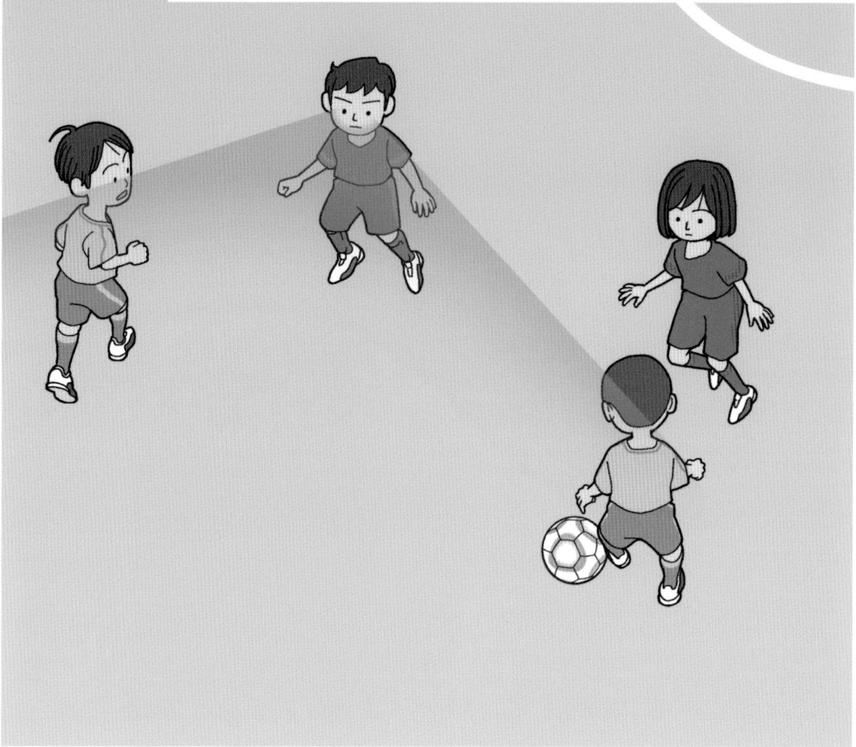

がよいでしょう。

　相手にスペースを使わせないようなポジショニングを考え、味方とのポジションバランスを見ながらマークにつきましょう。

コーチからひとこと

試合中、ボールがどんな状況にあるのかを知らずにプレーするのはNGです。ボールは必ず見ておきましょう。

危険なエリアにいる選手をマークしよう

バイタルエリアで相手をフリーにすると失点してしまう
NG

▶▶▶ コミュニケーションをとって守備を整えよう

相手のカウンターのときによく見かけるシーンですが、危険なエリアにいる選手をフリーにしてしまい簡単に失点することがあります。ゴール前のバイタルエリアと呼ばれる場所で相手をフリーにさせてはいけません。このエリアでシュートを打たれたらゴールに直結するからです。

うまいフォワードはバイタルエリアにどんなタイミングで入ればシュート

どうして？

失点の可能性をなくすために
バイタルエリアでフリーにしない

重要なエリアにいる選手をしっかりマークする

を打てるかを知っています。必ず狙っていますので、チームでコミュニケーションをとりながら守備を整えましょう。失点の可能性をなくしていく作業がディフェンスの大切な仕事です。

コーチからひとこと

人につくだけが守備ではありません。重要な場所に立ち相手を自由にプレーさせないことも大切です。

ディフェンスするときの身体の向きを考えよう

ボールが遠ければ身体の向きはオープンに

▶▶▶ オープンで見るのか、クローズで見るのか

マークをするときのディフェンダーの身体の向きはボールの距離で変えていきます。ボールの距離が遠ければ、ボールのほうに身体を開いて（オープン）、ボールを見つつ相手も確認できるような体勢にします。

逆にボールとの距離が近づいてきた場合は、マークについている相手のアクションに瞬間的についていかなくてはいけなかったり、場合によっては身

どうして？

ボールの位置が近いか遠いかでマークの仕方を変えるため

ボールが近ければ身体の向きはクローズに

体をぶつけるという守備をする必要があります。そのときはよりスピーディーに対応しなければならないため、身体をマークをする相手に向けて（クローズ）応対（おうたい）していきます。

コーチからひとこと

なぜその身体の向きで立っているのか。何も考えていないと相手に後れをとった守備になってしまいます。

4 守備編

スネに足が届く距離まで相手に寄(よ)せよう

スネが届く距離まで詰める

▶▶▶ 相手の利(き)き足側にポジショニングしよう

ボールを持っている相手に寄せる距離ですが、最初はまったく寄せきれない選手が多いです。ボールホルダーの次のプレーの考える時間を奪うためには、できるだけ距離を詰(つ)めて相手をヘッドダウンさせる必要があります。距離のポイントは、相手のスネが蹴られる位置です。つまり足を伸ばしたときに相手のスネあたりに届く距離を目安にしましょう。

どうして？

プレッシャーをかけて相手が自由にプレーできる時間を奪う

相手の利き足側に立つ

また、ゴール前なら寄せるときに相手の利き足側に立ちましょう。立ち位置をほんの少し調整するだけで、シュートコースを消すことにつながるなどの効果があります。

コーチからひとこと

利き足の前に立たれると相手はとても嫌。シュートだけでなくドリブル突破もしにくくなります。

ボールの奪い方

1、2のタイミングで相手に寄せて奪おう

▶▶▶ 自分の寄せで相手が抜いてくる瞬間(しゅんかん)を作り出す

ボールホルダーに対して寄せてからボールを奪うまでの動きは、うまくやるためのコツがあります。それは自分の動きで相手が抜いてくる瞬間を作り出すディフェンスです。

まずは相手に寄せます（1のタイミング）。そうすると相手は抜きにかかろうとします。そのタイミングで身体をぶつけて（2のタイミング）ボールを奪います。これが1の寄せるタイミン

どうして？

1のタイミングで行くと簡単に逆をつかれてしまうから

相手に
寄せていく！

相手が
抜きにかかったら
身体をぶつけて奪う

グで奪いにいくとかわされてしまいます。１でまずプレッシャーをかけると相手はかわそうと大きく横に動きます。そこを狙って身体を入れていくのがポイントです。

コーチからひとこと

相手との距離が遠いのに足を出す守備が1番よくありません。かわされたら立て直しが難しくなります。

インターセプトのタイミング

フライング気味に相手に寄せていこう

パスを出すな…
インターセプトに
行くぞ
パス

▶▶▶ ボールを奪えるチャンスはトラップした瞬間

相手のパスを途中でカットするのがインターセプトです。インターセプトは足が遅くてもタイミングさえ合えばうまくいきます。ですので成功させるポイントは、相手より早くフライング気味に動くことです。出だしの一歩目を迷うことなく飛び出せるように心がけましょう。

インターセプトを狙い、それがダメなら相手にボールが渡ったタイミング

どうして？

相手より早く動かないとボールを奪うことができないから

トラップした瞬間に狙えるぞ！

であるトラップした瞬間を狙いましょう。ボールをトラップした瞬間は相手がボールに集中するため奪うチャンスです。そこを逃(に)さないように常に意識しましょう。

コーチからひとこと

狙いに行くタイミングは相手からボールが離れた瞬間です。早すぎるとプレーキャンセルをされてしまいます。

4 守備編

プレスバック

相手を背後から追いかけプレッシャーをかけよう

▶▶▶ 相手のプレーの選択肢を減らすことができる

ボールホルダーの相手に抜かれてしまったときに、そのままプレーを止めずに後ろから追いかけることで、相手にプレッシャーをかけ続けることができます。自陣に戻りながら相手に向かう守備をプレスバックと言いますが、相手からしてみれば背後から足音が聞こえるだけで大きなプレッシャーとなります。相手はスピードを落とせなくなり自由ではなくなります。自分が直

どうして？

後ろから足音が聞こえるだけで相手の自由を奪えるから

接ボールを奪えなくても相手の選択肢を減らすことができるのです。

　また味方との守備のコンビネーションもしやすくなります。前後で挟み込んでボールを奪うことができます。

コーチからひとこと

プレスバックをしないと相手は色々なことを考える時間が作れます。動きを止めないことが大切です。

あとがき

この本を手に取ってくださっている方には、JACPA東京FCをサッカーで知ってくださっている方が多いと思います。

JACPA東京FCは、幼少児の能力開発教育を中心に事業を展開している会社です。私自身も幼児に対して、サッカーだけでなく、体育の先生として鉄棒や跳び箱などを指導しております。子どもたちとかかわる中で、サッカー以外のことを教えていることによって、サッカーの技術や戦術だけを教えていてはダメなことに気づきました。

スポーツによって「カラダの力、アタマの力、ココロの力」の3つの力をバランスよく引き上げていくことによって、子どもたちの成長過程に大きなチャンスを与えていると考えています。

サッカーを通して、あいさつ、返事、荷物整理などができ、目の前に落ちているゴミを拾える人間になってほしいと思います。

本書を最後まで読んでいただきありがとうございます！

JACPA東京FC　**鈴木宏輝**

監修

JACPA東京FC（ジャクパトウキョウエフシー） 鈴木宏輝（すずきひろき）

JFA公認A級ジェネラル、A級U-12ライセンス、JACPA東京FCコーチ

いろいろな要素をサッカーに取り入れ、幼児から児童の指導で定評がある。幼稚園・保育園・こども園において体育指導を行っている幼児体育のプロ。選手が上手くなるための「はじめてのサッカーシューズ」というトレーニングシューズを開発したりと、幅広く活躍している。

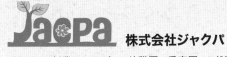

株式会社ジャクパ

ジャクパの創業は1972年。幼稚園・保育園・こども園において、保育時間内に行う「 正課体育指導 」と、保育終了後に園の施設を使用して行う「 課外スポーツ教室 」、外国人講師による「 英会話教室 」など、幼少児の能力開発教育を中心に事業を展開している。創業から約半世紀を経て、ジャクパは全国1,100の園と契約し、年間12万人以上の子どもたちへの教育に取り組んでいる。また、シンガポールやインドネシアなど海外展開も積極的に行っている。

STAFF

●編集・構成　城所大輔（多聞堂）
●デザイン　三國創市（多聞堂）
●イラスト　丸口洋平
●校正　有限会社玄冬書林
●協力　野口光彦（JACPA東京FC監督）

ジュニアサッカー 監督(かんとく)が使(つか)いたい選手(せんしゅ)がやっている！
デキるプレー55

2024年1月1日　第1刷発行
2024年9月10日　第3刷発行

監修者　JACPA(じゃくぱ)東京(とうきょう)FC(えふしー)　鈴木宏輝(すずきひろき)（株式会社ジャクパ）
発行者　竹村　響
印刷所　株式会社文化カラー印刷
製本所　大口製本印刷株式会社
発行所　株式会社日本文芸社
〒100-0003 東京都千代田区一ツ橋1-1-1　パレスサイドビル8F

Printed in Japan　112231220-112240902Ⓝ03　(210123)
ISBN978-4-537-22172-5
URL https://www.nihonbungeisha.co.jp/
©JACPATOKYOFC 2024
（編集担当：菊原）

乱丁・落丁などの不良品、内容に関するお問い合わせは
小社ウェブサイトお問い合わせフォームまでお願いいたします。
ウェブサイト　https://www.nihonbungeisha.co.jp/

法律で認められた場合を除いて、本書からの複写・転載（電子化を含む）は禁じられています。
また代行業者等の第三者による電子データ化及び電子書籍化は、いかなる場合にも認められていません。